AF263342

CENTENAIRE DE J.-J. ROUSSEAU

LES ÉTUDIANTS EN MÉDECINE

AU TOMBEAU DE ROUSSEAU

A ERMENONVILLE

LE 2 JUILLET 1878

PARIS

OCTAVE DOIN, ÉDITEUR

8, PLACE DE L'ODÉON, 8

1878

LES ÉTUDIANTS EN MÉDECINE

AU TOMBEAU DE ROUSSEAU

A ERMENONVILLE

LE 2 JUILLET 1878

PARIS

OCTAVE DOIN, ÉDITEUR

8, PLACE DE L'ODÉON, 8

1878

LES ÉTUDIANTS EN MÉDECINE AU TOMBEAU DE ROUSSEAU

A ERMENONVILLE, LE 2 JUILLET 1878.

Dimanche dernier, 14 juillet, Paris qui avait tenu à réunir deux des plus grands souvenirs du dix-huitième siècle pour les glorifier en même temps, célébrait à la fois l'anniversaire de la prise de la Bastille et le centenaire de Rousseau.

L'École de médecine, se souvenant du botaniste Jean-Jacques, n'avait point attendu cette date fameuse pour lui offrir ses hommages. Rousseau était mort le 2 juillet 1778 au château d'Ermenonville. Ce fut Ermenonville qu'elle choisit comme but de pèlerinage, et le 2 Juillet 1878 elle s'y rendait sous la conduite de M. le professeur Baillon qu'accompagnaient les agrégés Georges Bergeron et J.-L. de Lanessan. Certes, chacun voulait faire fête au botaniste du siècle dernier ; mais, comme on le vit bien par les discours qui vinrent plus tard, nul n'était disposé à le séparer, fût-ce même un seul instant, de l'auteur des *Confessions* et du *Contrat social*. Les grands hommes ne veulent point qu'on les apprécie en détail et par fragments. C'était Rousseau tout entier, l'homme de la nature et l'initiateur de la Révolution française, que tous venaient saluer.

On se mit dès l'abord à la recherche des plantes. C'était une première manière d'honorer Rousseau. On se rappelait que là, parmi ces grands bois, au milieu de ces plaines sablonneuses, au bord de ces marais, Jean-Jacques avait maintes fois herborisé, et que c'était là qu'il conduisait le petit de Girardin à la recherche des simples, en le tenant par la main. Si la moisson fut riche, il n'est besoin de le dire. Parmi tant de plantes, rares ou communes, on se montrait surtout celles que Rousseau avait citées ; celles qu'il aimait à regarder, en parlant comme un poëte ; celles qu'il avait minutieusement décrites, en parlant comme un savant. Nous découvrîmes en abondance les *Drosera*, les *Eriophorum*, les *Pinguicula* ; nous recueillîmes le *Potentilla splendens*, l'*Erica tetralix*, le *Gentiana Pneumonanthe*, le *Pedicularis silvatica*, le *Veronica spicata*, l'*Anagallis tenella*, l'*Epipactis palustris*, les *Schœnus nigricans* et *Mariscus*, le *Carex arenaria*, et bien d'autres dont la liste serait trop longue pour la donner ici.

Sous ces beaux ombrages, la Pervenche foisonne. On y tressa une immense couronne, mêlée de lierre et de fougères, que deux étudiants, pliant sous le faix, portèrent. On alla longtemps ainsi et sur le tard, vers quatre heures, on arriva à ce merveilleux désert d'Ermenonville qui, avec les petits bouquets de bouleaux nains qui le parsèment et tranchent vivement sur les teintes rougeâtres de ses sables remués, est sans doute l'un des coins les plus pittoresques que l'on puisse rencontrer aux environs de Paris. Là, on s'arrêta et l'on prit quelque repos. M. de Lanessan fit une conférence scientifique sur quelques-unes des plantes que l'on venait de recueillir. Puis la petite caravane, reprenant sa marche, traversa le désert et, comme le soleil descendait à l'horizon, elle arriva aux bords du lac d'Ermenonville.

C'est là, au milieu d'une île, que Rousseau reposa immédiatement après sa mort. Le lac est profond et les barques manquaient. Il fallait pourtant déposer les pervenches sur cette tombe que l'on voyait au loin, toute blanche sous les peupliers verts. Un étudiant prit la couronne et se jeta à la nage. L'île de Jean-Jacques, comme celle de l'honneur, est escarpée. Un fourré de ronces et d'orties en défend l'accès. Qu'importe, quand l'enthousiasme est au cœur? La couronne fut déposée sur le tombeau et, à ce moment même, M. Georges Bergeron prit la parole :

« MESSIEURS,

« Ne vous semble-t-il pas que ce pays d'Ermenonville, abrité dans un creux de vallon, avec son riant bocage, son lac paisible, son petit temple à demi ruiné, ses rocailles et ses chaumières rustiques, ses inscriptions sur le marbre, que le temps a presque effacées, a gardé tout entier l'empreinte du dernier siècle? — Sur la terrasse du château, à ce moment où le jour finit, où la nuit s'approche, il me semble revoir par la pensée quelques-uns des hôtes aimables qui animaient, il y a un siècle, cette vieille maison hospitalière. Assise près de sa mère, une toute jeune fille apprend à chanter une de ces romances, alors à la mode, « Chante le saule et sa douce verdure... O saule vert, tu seras « ma parure... » Et près d'elle, lui donnant une leçon de chant, se tient debout, l'auteur de cette romance ; il est simplement vêtu d'un habit brun sombre ; son dos est courbé par l'âge, mais son visage intelligent et doux s'éclaire de la vive flamme de deux yeux pleins de génie, abrités sous d'épais sourcils.

« C'est l'hôte d'Ermenonville, dont la maison s'achève ; elle doit, touchant et pieux hommage de l'amitié au génie, rappeler l'Élysée de Clarens.

« Cette famille paraît jouir de ce bonheur calme et doux que l'on goûte, entre honnêtes gens, loin du bruit des villes. En face d'eux s'étend un lac tranquille sur lequel descendent lentement les grandes ombres des bois, au soleil couchant. A l'extrémité du lac, une petite île couverte de grands peupliers ferme l'horizon.

« Deux jours après cette soirée paisible, un bateau, au milieu de la nuit, glisse lentement sur le lac. L'hôte d'Ermenonville, mort la veille presque subitement et comme foudroyé, est enseveli à la lueur des torches, à l'ombre des grands peupliers de l'île. Quelque temps après, un mausolée de marbre blanc recouvre les restes d'un homme malheureux et sur la tombe on lit ces mots : « C'est ici que repose l'homme de la nature et de la vérité. »

« Jean-Jacques Rousseau était arrivé à Ermenonville le 20 mai 1778. A près d'une lieue de là, dès qu'il se vit dans la forêt qui s'étend jusqu'auprès du château, il voulut faire à pied le reste du chemin: « Il y a si longtemps, « disait-il, que je n'ai pas vu un arbre qui ne fût couvert de fumée et de pous-

« sière. Que ce feuillage est verdoyant et frais ! » Et avec une joie d'enfant, il touchait tous les arbres, puis descendait la route d'un pas agile, malgré ses soixante-six ans.

« Devant la grille du château, il trouvait le bon René de Girardin, sa femme et ses deux jeunes enfants. « Ah ! s'écriait-il, en tombant dans ses bras, il y a « longtemps que mon cœur me faisait désirer de venir ici, et mes yeux me font « désirer aujourd'hui d'y rester toute ma vie. » — Toute ma vie ! Et six semaines après, vers dix heures du matin, ayant ramassé quelques plantes, accompagné du fils aîné de René de Girardin, enfant de treize ans, qu'il aimait à avoir comme compagnon de ses promenades, il se sentit pris, en rentrant, d'un malaise général, d'une profonde anxiété ; ses membres devenaient froids ; et se tenant la tête entre les mains, il se plaignait de vives douleurs. Entouré des derniers amis de sa vie, la main dans celle de René de Girardin, il était assis près d'une fenêtre dans un petit pavillon caché par des arbres que d'ici vos yeux peuvent apercevoir. « Ouvrez, dit-il, ouvrez cette fenêtre que je voie « encore ce soleil qui me sourit et m'appelle. Il faut nous quitter, mes amis... « J'ai toujours souhaité de mourir sans maladie et sans médecin, et que vous « puissiez me fermer les yeux ; mes souhaits sont exaucés. » Et, se penchant vers sa femme, Thérèse Levasseur : « Si vous avez souffert par moi, lui dit-il, je « vous prie de me le pardonner. » Ainsi mourut Jean-Jacques Rousseau, il y a juste un siècle, le 2 juillet 1778, à l'âge de soixante-six ans.

« Pendant ce temps bien court, six semaines seulement, Jean-Jacques avait pu vivre heureux. Le matin, sa loupe à la main, son *Systema Naturæ* sous le bras, il herborisait dans la forêt. Au milieu du jour, assis sur un banc de pierre couvert de mousse, dans cette cabane d'où nous découvrions tout à l'heure et les eaux tranquilles du lac et l'horizon bleuâtre des bois voisins, il écrivait les dernières pages de l'*Émile*, il corrigeait le texte des *Confessions*. Et lorsqu'il laissait errer ses regards sur ce coin de terre où il se trouvait si calme et presque heureux, sur ce lac paisible où le silence des eaux dormantes n'est troublé que par le cri d'un râle ou le lourd vol des cygnes, il devait se rappeler ce beau lac de Saint-Pierre où il vécut les deux mois les plus heureux de sa vie, si heureux « qu'il ne pouvait que souhaiter la durée d'un pareil état ». Ne croyez-vous point l'avoir sous les yeux, ainsi qu'il le décrit, « ce superbe et ravissant coup d'œil du lac et de ses rivages, couronnés d'un côté par des montagnes prochaines, et de l'autre s'étalant en de riches et fertiles plaines dans lesquelles la vue s'étendait jusqu'aux montagnes bleuâtres qui les bordaient ? »

« Quand le soir approchait, descendant des cimes du lac, il allait volontiers s'asseoir sur la grève. « Là, le bruit des vagues et l'agitation de l'eau fixaient « mes sens et chassaient de mon âme toute autre agitation. »

« A Ermenonville, comme à l'île Saint-Pierre, Rousseau croyait pouvoir être heureux ; mais « est-il, dans nos plus vives jouissances, un instant où le cœur « puisse véritablement dire : — Je voudrais que cet instant durât toujours ? » Elle est de Rousseau cette pensée si profonde d'amertume et de vérité. Le grand

Gœthe la lui a empruntée textuellement, il en a fait la clef de sa trilogie de *Faust* : « N'est-ce point, du reste, le secret du néant de la vie humaine, l'éternel « mirage du bonheur qui nous fuit ? »

« On raconte que Luther fut trouvé un jour, par ses disciples, rêvant seul dans l'ancien cimetière de Spire, et comme quelques-uns s'approchaient, il leur montra du doigt ces sépulcres blanchis : « Ah ! leur dit-il, *beati sunt illi* « *quia quiescunt* » ; ceux-là sont heureux, parce qu'ils reposent. Jean-Jacques, messieurs, n'a même pas eu ce bonheur *du repos éternel*. L'odieux fanatisme a violé son dernier asile et profané ses ossements.

« Près de cette île, sous ces peupliers, si ta pauvre âme errante revient, comme revenaient autrefois, le long des rivages du Styx, les mânes privés de sépulture, nous offrons pour l'apaiser quelques fleurs de cette Pervenche qu'au déclin de ta vie tu ne pouvais cueillir sans transport, car elle te rappelait les douces joies des Charmettes, les beaux jours de ta jeunesse et quelques instants d'un bonheur trop court si cruellement expié par toute une vie d'agitation et de misère.

« Grande ombre de Rousseau, reçois le pieux hommage de ces jeunes gens que rassemblent aujourd'hui le culte ému de ta gloire, l'amour d'une science aimable et la reconnaissance que nous devons tous au plus éclatant précurseur de la Révolution française. »

M. de Lanessan prononça ensuite les paroles suivantes :

« Rousseau !

« Il y a cent ans, tu mourais sur les bords de ce lac, pauvre et abandonné, quelques personnes seulement t'accompagnaient à ta dernière demeure.

« Cent ans après ta mort, ce lac est aussi solitaire qu'il l'était le 2 juillet 1778. Seuls, quelques hommes jeunes viennent déposer sur ta tombe une couronne de ces fleurs que tu aimas tant.

« Est-ce donc que tu n'as pas suffisamment compris les souffrances et les besoins des hommes? Est-ce que tu n'as pas consacré à tes semblables le peu de forces que t'avait données la nature? Est-ce que tu n'as pas rendu à l'humanité tous les services que tu pouvais lui rendre? Est-ce que tu n'as pas fait assez pour qu'elle doive se souvenir de toi? Ou bien, est-ce que, travaillant à la Révolution, qui devait faire de tous les hommes des égaux et des frères, tu as travaillé pour un peuple d'ingrats?

« Non, la France n'a pas oublié les services que tu lui as rendus; elle n'a pas oublié tes travaux et tes souffrances ; elle n'a pas oublié qu'elle te doit en partie la République dont elle jouit aujourd'hui.

« Mais peut-être tes œuvres ne sont-elles plus l'expression exacte des idées de notre époque?

« Lorsque, dans ton *Contrat social*, tu as formulé, comme premier devoir de l'homme vivant en société, « l'aliénation totale de chaque associé avec tous « ses droits à la communauté », n'as-tu pas cédé à une nécessité de ton époque que nous ne pouvons plus comprendre aujourd'hui?

« Lorsque Robespierre venait errer sur les bords de ce lac, n'a-t-il pas entendu les peupliers qui entourent ta tombe murmurer le mot « Dictature? »

« Ta constitution maladive, ton esprit chagrin, l'isolement dans lequel tu as vécu, l'éducation que tu avais reçue, les hésitations entre deux principes aussi autoritaires l'un que l'autre, celui du catholicisme et celui du protestantisme, ta foi irréfléchie en un Être suprême et une âme immatérielle émanée de Lui, n'ont-ils pas eu comme conséquence fatale de te faire admettre un principe d'autorité, que nous rejetons aujourd'hui, même lorsque tu le formules en disant : « Que la volonté générale est toujours droite et tend toujours à l'uti- « lité publique? »

« N'est-ce pas parce que l'idée de la liberté absolue de l'individu s'étend de plus en plus parmi nous que notre époque s'éloigne peu à peu de toi?

« Ce sont là, messieurs, de graves questions qu'il ne convient pas de débattre en face du tombeau de ce grand homme ; qu'il me suffise de dire que l'étude de cet illustre philosophe est pleine de grands enseignements. Pour le moment, oublions ses erreurs et célébrons les services qu'il a rendus à l'humanité.

« Rousseau! Je te salue parce que tu as été un des plus puissants promoteurs de notre Révolution ; je te salue, parce que tu as enseigné aux hommes la Liberté, l'Egalité, la Fraternité ; je te salue, parce que tu as appris à nos ancêtres à démolir les bastilles et à renverser les trônes ; je te salue, parce que tu as dit : « Renoncer à sa liberté, c'est renoncer à sa qualité d'homme. »

M. Baillon parla le dernier :

« Vous vous rappelez, dit-il, l'œuvre d'un grand génie (ils abondent dans cet inépuisable pays de France), où se voit un tombeau semblable à celui-ci. Le passant lit sur la pierre : « Et moi aussi je fus berger en Arcadie. » Sur la tombe où repose l'homme de la nature et de la vérité, on pourrait écrire : « Et « moi aussi je fus botaniste. » Seulement, si l'Arcadien s'honore d'avoir été pasteur, ici c'est notre science qui se trouve honorée de compter parmi les siens un homme quatre fois grand d'ailleurs, comme penseur, comme écrivain, comme politique et comme philosophe.

« Rousseau fut aussi un grand contemplateur. Il se révèle dès l'enfance comme un amant passionné des choses de la nature. Ses admirables paysages de la *Nouvelle-Héloïse* auraient-ils cette vivante et saisissante vérité, si le crayon d'un grand artiste n'avait tracé les contours des bois, des eaux et des rochers où le poëte se figure qu'il eût pu aimer, qu'il eût pu souffrir ? Il y a déjà deux histoires d'arbres dans les premières années de Rousseau. Vous vous les rappellerez avec un sourire. L'une est celle de ce noyer et de ce saule de la terrasse de Bossey, où Jean-Jacques enfant se « confirme dans l'idée très-natu- « relle qu'il était plus beau de planter un arbre sur une terrasse qu'un drapeau « sur la brèche; » et l'autre qu'on oublie moins, a trait aux cerisiers de Thoune et à leurs fruits lancés à ces jeunes filles dont Rousseau adolescent se dit : « Que mes lèvres ne sont-elles des cerises; comme je les leur jetterais d'aussi « bon cœur ! »

Il est une plante que Rousseau a rendue plus populaire : « Ah ! voilà la pervenche, » s'écrie-t-il en ses dernières et tristes années, à la fois riant et pleurant.
La pervenche qui le ramène au début de la route aride et épineuse, aux Charmettes, à la jeunesse, aux illusions des jours de tendresse, aux épanchements
de Mme de Warens ! Après cent ans, et alors que sur cette pierre vous ver-
sez à mains pleines les lis et les mille fleurs du désert, nous offrons pieusement
aux mânes de Rousseau cette modeste couronne de pervenche, la fleur privi-
légiée, la fleur du souvenir.

« Rousseau aima donc les plantes parce qu'il aimait la nature. Et quand il
connut assez la botanique pour en goûter les douceurs, il entreprit de la faire
connaître aux autres. Il avait alors près de soixante ans. Il se fit vulgarisateur
d'une science qui l'avait tant charmé et qui l'avait partout suivi comme amie et
comme consolatrice ; il publia ses *Essais élémentaires sur la Botanique* et ses
Lettres sur la Botanique avec les *Fragments d'un Dictionnaire*, dont pendant
un demi-siècle se multiplièrent les éditions et les imitations, les contrefaçons
aussi, et les traductions dans la plupart des langues de l'Europe, même en
russe, et à quelle époque encore ; on n'était alors qu'en 1810.

« Rousseau se fit donc l'éducateur de notre pays ; on a même été jusqu'à dire
que c'est lui « en personne qui a donné à la France sa première leçon de bota-
« nique. » Cela n'est pas parfaitement exact. Un siècle plus tôt, Tournefort avait
enseigné la botanique à la France, mais d'une autre façon. — Sous sa conduite,
la Cour s'en allait aux portes mêmes des Tuileries, chercher au Cours-la-Reine
et aux Champs-Elysées quelques-unes des plantes que vous venez de récolter au
pied du tombeau de Rousseau. La Cour donnait le ton à la ville, et toute la
France suivait. Jean-Jacques ne pouvait pas courir la même voie. Il était mal
vu des grands. On sentait instinctivement en lui un de ces précurseurs, in-
conscients peut-être, du renversement des trônes, qui, comme parle le grand
Corneille :

> Etale à son tour des revers équitables
> Par qui les grands sont confondus ;
> Et les glaives qu'il tient pendus
> Sur les plus fortunés coupables
> Sont d'autant plus inévitables,
> Que leurs coups sont moins attendus !

« Les grands et beaucoup d'autres ennemis de Rousseau expliquèrent à leur
façon ses efforts pour répandre le goût des plantes. Ce « sauvage » qui, dans un
jour de paradoxe, avait foulé aux pieds la civilisation ; ce coupable « passé maî-
« tre dans l'art de brûler les âmes, » se repentait aujourd'hui et réparait le mal
qu'il avait fait à la jeunesse, en lui inspirant le goût des doux et purs trésors de
la nature. Pris lui-même de vertige sur les hauteurs où il avait allumé l'incen-
die, il aspirait aux fraîches vallées où règnent la paix et l'oubli. Il fut donc per-
mis de lire et de laisser feuilleter par les plus innocentes mains les *Lettres sur
la Botanique* où sont révélés les mystères de la vie végétale. Ce sont les Liliacées
d'abord, avec leur enveloppe colorée, leurs étamines et la colonne centrale qui
est le pistil ; puis les Crucifères, avec leur double rangée de quatre folioles,

leurs six étamines, dont deux sont plus courtes que les quatre autres, Rousseau
en donne la raison, et leur fruit qui est une silique ou une silicule ; les Papi-
lionacées, dont l'étendard et la nacelle ont une fonction toute particulière et
dont les étamines et les pétales protégent le jeune fruit des injures du dehors ;
les plantes dont la corolle imite le masque de certains animaux ou bien est
partagée en deux lèvres inégales, les Labiées ; les Ombellifères, dont les fleurs
sont réunies en une sorte de parasol à deux ordres pareils et successifs de rayons,
et dont le fruit est double ; Rousseau n'en dénombre pas tous les éléments
« pour ne pas trop faire le méchant »; les Composées, comme les marguerites,
dont chaque prétendue fleur si petite et si mignonne est réellement formée de
deux ou trois cents autres fleurs toutes parfaites et rapprochées dans une en-
ceinte commune qui peut se fermer, se rouvrir et se renverser, comme il arrive
dans le progrès de la fructification, sans y causer de déchirures ; les arbres
fruitiers, que l'homme a dénaturés pour ses besoins ; trop porté ensuite à
croire que, quand dans les œuvres de ses mains il croit étudier la nature, il se
trompe; les herbiers enfin, au sujet desquels Rousseau ne dédaigne pas de
donner les plus humbles et les plus minutieux détails de préparation, de récolte
et de conservation.

« On voit que la botanique de Jean-Jacques n'est pas une grande dame or-
gueilleuse et fière, qui méprise la petite science, comme diraient de nos jours
quelques-uns. Elle est simple et claire; exacte sans pédanterie, et pour tout
dire en un mot, elle est vraiment française. Ses deux plus grands mérites sont
la netteté et la sincérité. Rousseau veut que, sans croire aveuglément la parole
de celui qui enseigne, on observe la nature et qu'on vérifie sur place chacune
des descriptions qu'il donne. Il repousse hautement les reproches qu'adressent
encore à la botanique tant de gens qui ne la connaissent point et qui disent volontiers d'elle : *Sunt verba et voces.* Écoutez sa réponse : « On prétend que
« la botanique n'est qu'une science de mots, qui n'exerce que la mémoire et n'ap-
« prend qu'à nommer les plantes. Pour moi, je ne connais point d'étude raison-
« nable qui ne soit qu'une science de mots; et auquel des deux, je vous prie,
« accorderai-je le nom de botaniste, de celui qui sait cracher un nom ou une
« phrase à l'aspect d'une plante, sans rien connaître à sa structure, ou de celui
« qui, connaissant très-bien cette structure, ignore néanmoins le nom très-arbi-
« traire qu'on donne à cette plante en tel ou tel pays? Si nous ne donnons à nos
« enfants qu'une occupation amusante, nous manquons la meilleure moitié de
« notre but qui est, en les amusant, d'exercer leur intelligence et de les accou-
« tumer à l'attention. Avant de leur apprendre à nommer ce qu'ils voient, com-
« mençons par leur apprendre à le voir. Cette science, oubliée dans toutes les
« éducations, doit faire la plus importante partie de la leur. Je ne le redirai
« jamais assez; apprenez-leur à ne jamais se payer de mots, à croire ne rien
« savoir de ce qui n'est entré que dans leur mémoire. »

« C'est surtout au point de vue de l'éducation que Rousseau envisage la botanique comme utilitaire. Il y revient maintes fois dans l'*Émile*. A la femme
distinguée pour laquelle il composa les *Lettres sur la Botanique*, il écrit : « Votre
« idée d'amuser un peu la vivacité de votre fille et de l'exercer à l'attention sur

« des objets agréables et variés comme les plantes, me paraît excellente. » Et c'est de lui qu'est aussi cette maxime : « A tout âge l'étude émousse le goût « des amusements frivoles, prévient le tumulte des passions et porte à l'âme une « nourriture qui lui profite en la remplissant du plus digne objet de ses contem- « plations. » L'étude des plantes ne peut, par ses applications, que contribuer au bonheur de l'homme ; et c'est aussi là ce qui touche Rousseau, car il est cer- tainement de la famille de cet humoriste qui a écrit que celui qui fait pousser deux brins d'herbe là où il n'en venait qu'un seul a plus fait pour l'humanité que le conquérant qui a gagné vingt batailles. L'homme de la nature est ici, comme toujours, humain et très-humain. Rien des faiblesses de l'homme ne lui est étranger, et il eût pu être le père de la devise : *Nil humani a me alie- num puto.*

« Mais il est humain surtout dans le sens fraternel du mot. N'envisageant sans doute qu'à travers un lointain nuage les horreurs des révolutions, ce n'est pas lui qui, inscrivant sur un drapeau le nom sublime de *Fraternité*, eût voulu que le lendemain il fût criblé de balles homicides. C'est au plus profond de vos âmes, messieurs, que Rousseau eût voulu graver ce mot, et c'est en vous soumettant à son inspiration que vous rendrez à sa mémoire le plus légitime et le plus sincère des hommages.

« La botanique a rendu à Rousseau, et au centuple, ce qu'il avait fait pour elle. A Ermenonville, comme à l'île Saint-Pierre, il pouvait dire d'elle : « La « botanique, telle que je l'ai toujours considérée, et telle qu'elle commençait à « devenir passion pour moi, était précisément une étude propre à remplir tout le « vide de mes loisirs, sans y laisser place au délire de l'imagination, ni à l'ennui « du désœuvrement total. Errer nonchalamment dans les bois et dans la cam- « pagne, prendre machinalement, çà et là, tantôt une fleur, tantôt un rameau, « brouter mon foin presque au hasard, observer mille et mille fois les mêmes « choses et toujours avec le même intérêt, parce que je les oubliais toujours, « était de quoi passer l'éternité sans pouvoir m'ennuyer un moment. Quelque « élégante, quelque admirable, quelque diverse que soit la structure des végé- « taux, elle ne frappe pas assez un œil ignorant pour l'intéresser. Cette con- « stante analogie, et pourtant cette variété prodigieuse qui règne dans leur « organisation, ne transporte que ceux qui ont déjà quelque idée du système « végétal. Les autres n'ont, à l'aspect de tous ces trésors de la nature, qu'une « admiration stupide et monotone. »

« Ils ne voient rien en détail parce qu'ils ne savent pas même ce qu'il faut re- garder ; ils ne voient pas non plus l'ensemble, parce qu'ils n'ont aucune idée de cette chaîne de rapports et de combinaisons qui accable de ses merveilles l'esprit de l'observateur. L'étude des plantes consola Jean-Jacques du commerce des hommes ; elle lui donna la paix et l'indépendance. Quand ce grand désillu- sionné vint ici, dans l'été de 1778, chercher l'oubli et la solitude, il put reporter sur les fleurs cet amour de l'humanité dont il se croyait si mal payé. Il fit sa promenade de chaque jour dans les sites enchantés que vous venez de parcou- rir, se reposant dans les ombrages du Désert et dans la grotte où vous étiez assis tout à l'heure, vivant avec les plantes qui avaient charmé ses bons et ses mauvais jours, murmurant peut-être les paroles qu'inspirèrent à un autre malheureux de son temps les mêmes souffrances et le même pressentiment d'une fin prochaine, faisant ses adieux aux champs qu'il aimait, au riant exil des bois, et souhaitant que bientôt un ami lui fermât les yeux. Un jour même, le 2 juillet, celui de sa dernière promenade avec le jeune héritier de ce domaine où il avait reçu l'hospitalité, une légende, vivante encore dans ces campagnes, veut que les plantes lui aient fourni le moyen de sortir de ce monde, en discourant froidement et sans peur, comme fit Socrate, du vrai, du juste et de l'éternellement beau. Si c'est une herbe cueillie au Désert qui fit rentrer dans le grand tout auquel elle aspirait cette âme païenne, égarée dans le dix-huitième siècle, la science qui fut sa consolatrice, lui fut donc aussi une libératrice en ce jour.

« Ombre de Rousseau, qui dois planer sur ces rives, nous déposons sur ta tombe vide, avec la couronne de pervenches, la promesse d'être comme toi, en toute humilité et dans la limite de nos forces, les hommes de la nature, de la vérité, de la science et de la fraternité. »

Le lecteur n'attend point, sans doute, de longs commentaires sur les discours qui précèdent. On les lira ; on se laissera gagner par ces paroles entraînantes et spirituelles, charmantes et émues, éloquentes et fortes. Mieux encore, on mettra à profit les enseignements qu'elles renferment. C'est le plus bel éloge et le plus mérité que nous en puissions faire.

Et comme le professeur de l'École de médecine s'était tu et que l'on revenait au village d'Ermenonville, on entendit au loin retentir un air que les grands arbres de la forêt avaient sans doute désappris depuis longtemps, l'air de : *O ma tendre Musette*, que Jean-Jacques répétait aux derniers jours de sa vie, et que la flûte venait nous redire après cent ans de silence. Nul, parmi les heureux qui étaient présents n'oubliera cet instant d'émotion profonde. Chacun, hélas ! savait bien que l'âme de Rousseau n'était plus là pour entendre, et pourtant chacun se taisait, comme pour lui permettre de mieux écouter de là-bas, du fond de son île, sous sa pierre.

Un court repas termina la journée. Au dessert, un étudiant, M. Blondeau, se faisant l'interprète de sentiments qui étaient au fond de tous les cœurs, remercia en quelques chaudes paroles le professeur et les agrégés qui, sachant leur devoir, n'avaient point hésité à venir donner, en face du tombeau de Rousseau, à tous un exemple, à quelques-uns une grande leçon de civisme.

« CHERS CAMARADES,

« Réunis il y a quelques heures sur les bords du lac d'Ermenonville, nous déposions sur le tombeau de Rousseau une couronne de fleurs des champs, humble témoignage de notre admiration. Fils de la Révolution, nous payions notre tribut de reconnaissance à celui qui fut si justement appelé le *Père de la Révolution.*

« Des voix éloquentes et autorisées vous ont parlé de ce puissant génie. Nous ramenant à un siècle en arrière, M. Georges Bergeron faisait revivre Jean-Jacques et nous retraçait le tableau de ses dernières journées. Abordant le côté politique, M. de Lanessan savait tirer un haut enseignement des idées émises dans le *Contrat social.* Enfin M. Baillon, avec sa grande autorité, rendait à Rousseau la gloire qui lui revient comme botaniste et nous montrait l'homme de la nature, l'ami des petits, se consolant par la science de l'injustice des grands.

« Si je prends la parole, c'est parce que j'ai cru qu'il était bon que les Ecoles disent leur mot dans cette journée ; et qu'interprète des sentiments unanimes de toute la jeunesse, l'un d'entre nous vînt affirmer hautement nos ardentes convictions, notre foi dans la justice, la science et la raison, notre dévouement absolu à la Démocratie et à la République.

« Permettez-moi en même temps de remercier en votre nom les organisateurs de cette fête, les chers et vaillants professeurs qui n'ont pas craint de venir proclamer leur admiration pour Rousseau, c'est-à-dire pour la Révolution, et leur amour pour la liberté. »

Et moi, en revenant, je me disais, qu'en ce temps de morale épicière de telles journées sont bonnes, salutaires entre toutes et nécessaires. Aux uns, elles jettent l'enthousiasme ; chez d'autres, elles réveillent l'énergie qui défaillait. On s'en retourne fortifié et l'on a, le lendemain, meilleur cœur à l'ouvrage. Par-dessus tout, l'élève s'en va fier de son maître et le maître sent qu'il tient le disciple dans sa main. Aimons et glorifions cette alliance de la science et du patriotisme. Nos maîtres savent aujourd'hui que la science sera demain la reine des nations et le grand levier qui soulèvera tout. Ils reconnaissent encore qu'ils ont charge d'âmes, qu'ils doivent non-seulement instruire, mais élever, et qu'après avoir fait des savants qui soient comme eux l'honneur de la patrie française, ils ont encore à faire des hommes.

A Ermenonville, le 2 juillet 1878, ils ont travaillé à cette tâche. Ils verront quelles sympathies les suivront dans son accomplissement.

G. Dutailly.